SOCIÉTÉ INTERNATIONALE

DE

SECOURS AUX MALADES ET AUX BLESSÉS

DES

ARMÉES DE TERRE ET DE MER

COMITÉ SECTIONNAIRE DE NIMES

RAPPORT

NIMES

IMPRIMERIE CLAVEL-BALLIVET ET Cᵉ

12, RUE PRADIER, 12

1872

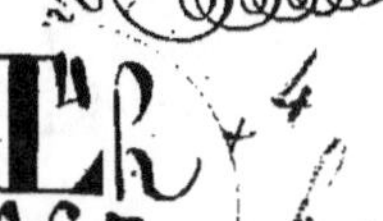

RAPPORT

DU

COMITÉ SECTIONNAIRE DE NIMES

RAPPORT DU COMITÉ DE NIMES

Au milieu des terribles et déplorables conséquences de la fatale guerre de 1870, le département du Gard, et Nimes en particulier, ont su montrer la part qu'ils prenaient aux épreuves de la patrie et de nos malheureux soldats. Les nombreux appels adressés à nos concitoyens ne les ont jamais trouvés insensibles, et le Comité de la société de secours aux blessés en particulier tient à leur témoigner sa reconnaissance des ressources qui ont été mises à sa disposition, et dont il vient aujourd'hui faire connaître l'emploi à ses souscripteurs.

Dès le mois d'août 1870, le Comité organisé à Nimes, rencontra de nombreuses sympathies, et une première souscription s'éleva à 34,160 fr. 55, dont 22,636 fr. 15 à Nimes même, et 11,524 fr. 40 dans le reste du département. Sur cette somme, 29,530 fr. 85 furent transmis à Paris au Comité central de secours aux blessés par l'intermédiaire de la Société générale : ces envois ne furent interrompus que lorsque le siége de Paris mit obstacle aux communications. En même temps, de nombreux envois de linge avaient lieu, soit par l'entremise du Comité, soit par celle d'un Comité de dames organisé à la Préfecture du Gard.

A la fin de 1870, pressé par les avis de l'Intendance et par les instructions adressées aux délégués régionaux de la Société de secours aux blessés, le Comité établit une ambulance à l'hôpital du chemin d'Uzès, que la Mairie de Nimes mit gracieusement à sa disposition. La générosité publique ne fit pas défaut à cette nouvelle œuvre, et une seconde souscription de 11,579 fr. 69 (9,614 fr. 37 à Nimes, et 1,965 fr. 32 dans d'autres parties du département), vint accroître les ressources. Il convient d'y ajouter des dons en nature d'une valeur de deux mille francs, le prêt d'un matériel fort considérable en linge et en literies, plus 1,500 francs qui furent accordés par le Comité départemental, à la tête duquel se trouvait M. le Premier Président Gouazé. MM. les docteurs Brouzet, Tribes et Bonnes, MM. les pharmaciens Boyer et Defferre apportèrent un concours complètement désintéressé ; grâce à leurs excellents soins, au zèle et au dévouement de MM. les internes Pollon et Conte, de M. le pharmacien-adjoint Peytavin et du directeur-comptable, M. Marcon, on eut la bonne chance de ne perdre aucun des 297 soldats qui traversèrent l'ambulance, car on ne saurait compter la mort d'un soldat complètement remis de ses fatigues, qui faisait le service d'aide pharmacien en attendant de pouvoir retourner dans son pays, alors occupé par les Prussiens, et qui succomba à un anévrisme la veille de son départ. Enfin, le Comité ne peut oublier de dire sa vive reconnaissance pour les nombreux envois et l'aide active et sans réserve du Comité de Dames de la préfecture. Ainsi secondé, le Comité avait pu organiser une ambulance de 120 lits; le nombre de malades ou de blessés qui furent envoyés, ne répondit pas à ces préparatifs, et peut-être trouvera-t-on que les frais d'organisation et les dépenses n'ont pas été en proportion avec les résultats obtenus.

Pendant qu'il s'occupait ainsi du soin des soldats blessés ou malades, le Comité ne négligeait pas ceux que le sort des armes avait condamnés à demeurer prisonniers en Allemagne ou à se réfugier en Suisse : sur ses fonds disponibles il ajoutait 1.500 fr. à une souscription en faveur des prisonniers, qui avait été centralisée dans les mains de ses trésoriers, MM. Adolphe Nègre et Emile Bruneton, qui atteignit le chiffre de 15,136 fr. 55 et fut transmise au Comité de Bâle : c'est au même Comité qu'il envoyait pour les internés en Suisse une somme de 1,560 fr. 25, joints à une collecte faite en leur faveur par les dames de Nimes.

Non content de leur adresser ainsi quelques secours en argent, le Comité faisait passer aux prisonniers les secours envoyés par leurs familles ou leurs amis : c'est ainsi que, toujours par l'intermédiaire du Comité de Bâle, ont été transmis 359 paquets de vêtements à des prisonniers spécialement désignés et 25.474 fr. adressés à 1199 prisonniers; et que, de plus, en vêtements mis à la disposition des Comités de secours sans affectation particulière, ont été envoyés plus de 968 paires de bas ou chaussettes, 273 gilets ou tricots de laines, 122 caleçons, 111 chemises, 212 mouchoirs, 133 cache-nez, 98 cravates, 73 habits ou pantalons, 180 objets divers, etc.

Quand l'ambulance dut être fermée vu l'insuffisance du nombre de malades qu'on y envoyait, le Comité se trouva en présence d'un assez grand nombre de blessés qui attendaient à la caserne le règlement de leurs pensions ou leur libération, et qui, malgré les allocations de l'État, avaient besoin, soit de quelques remèdes supplémentaires, soit d'une nourriture plus substantielle et plus choisie. Rien ne fut accordé que sur l'autorisation des chirurgiens militaires et, grâces à l'aide que voulurent bien lui accorder le zélé directeur de l'ambulance, M. Marcon, et une femme tout particulièrement dévouée aux soldats malades, Mlle Debar, le Comité put continuer son œuvre pendant plusieurs mois, et y consacrer une somme de 1,653 fr. 15.

En même temps, le matériel de l'ambulance, que de généreux donateurs avaient abandonné en partie, permettait de prendre une part dans la vente en faveur des départements ravagés, de faire des envois à Nancy, Châteaudun, etc., et de distribuer quelques dons à divers établissements de Nimes, qui avaient aussi reçu des blessés.

Enfin, et pour terminer son œuvre, le Comité crut devoir, sur les fonds qu'il possédait encore, venir en aide aux militaires que leurs blessures ou leurs maladies mettaient momentanément hors d'état de travailler, ou aux familles qui avaient perdu pendant la guerre leurs principaux soutiens, quand l'Etat n'avait pas cru devoir leur allouer un secours fixe et durable. Il s'adressa dans ce but aux maires, aux curés et aux pasteurs, et le résultat de son intervention a été la distribution d'une somme de plus de 3,000 fr., à 66 personnes différentes.

En ajoutant à ces dépenses principales quelques secours à des blessés de passage et des frais divers d'impression de listes et circulaires, d'envois de lettres, imprimés, etc., on arrive à un total de dépenses de 59.902 fr. 56, qui nous laissaient encore disponible une somme de 3,070 fr. 13, sur laquelle le Comité a dû verser au Comité central de Paris un cinquième d'après les statuts de la Société de Secours aux blessés, soit 600 francs ; ce qui laisse définitivement un solde de 2.470 fr. 13, déposé chez ses trésoriers.

Le compte-rendu, que nous venons de présenter rapidement, ne se rapporte qu'à l'œuvre du Comité et ne donne qu'une idée fort incomplète de ce qui s'est fait à Nîmes pendant la guerre. Sans avoir la prétention d'adjoindre à notre œuvre ce qui a été fait en dehors d'elle ou à côté d'elle et, surtout sans avoir celle de ne rien oublier, il convient de mentionner la collecte faite en faveur des internés, qui a atteint 13.698 f. 55 ; une autre collecte pour Strasbourg qui a dépassé 12.000 fr. ; la vente pour soulager les pays ravagés par l'ennemi et qui, accrue de dons particuliers, est arrivée à 46.000 fr. ; au total plus de 140.000 fr.

Sans doute, ces soulagements ont dû se trouver bien

insuffisants en présence des misères si nombreuses et si intenses qu'ils étaient destinés à alléger : mais les résultats obtenus nous sont une preuve des bonnes dispositions de nos populations et de leur sentiment de solidarité avec ceux de nos concitoyens que le fléau de la guerre a plus directement éprouvés ; ils nous sont un gage certain de ce que nous pouvons espérer si, ce qu'à Dieu ne plaise, de nouveaux besoins appelaient une nouvelle intervention.

MEMBRES DU COMITÉ

MM. B. Arnaud-Gaidan.

Louis-Numa Baragnon.

Albert Boissier.

Alphonse Bousquet.

Louis Bérard.

Emile Bruneton, trésorier.

Edgar Carcassonne.

L. Carcassonne, docteur-médecin.

G. de Clausonne, président de Chambre honoraire à la
Cour d'appel.

Emile de Clausonne.

Paulin de Clausonne, juge au Tribunal civil.

Albin Colomb.

D'Everlange, avoué.

Garnier-Lombard.

Emile GINOUX, secrétaire-adjoint.

Emile GIRARD,

Emile IM-THURN.

Paul JALAGUIER.

Louis LAGET.

LA SALLE, inspecteur principal au chemin de fer de la Méditerranée.

Ali MARGAROT.

Félix MARTIN, avoué, vice-président.

Landry MARTIN.

De MAZARIN.

Gaston MÉRIC.

MEYNARD-AUQUIER.

Louis MICHEL, secrétaire-adjoint.

Paul MOURIER, secrétaire.

Adolphe NÈGRE, trésorier.

Alfred NÈGRE.

Henri OLLIVIER.

PELON, président de Chambre à la Cour d'appel.

Léon PENCHINAT.

Alfred RANDON DE GROLIER.

Henri RÉVOIL, architecte.

Emile ROUSSY, secrétaire-adjoint.

H. de ROUVILLE, conseiller à la Cour d'appel.

Alfred SILHOL, président.

Emile SILHOL.

Ernest SOULAS.

TAILHAND, président de Chambre à la Cour d'appel.

TOURNEYSEN.

Le Comité a décidé que ses membres verseraient une souscription annuelle dans l'intérêt de la continuation de l'œuvre.

Le Comité recevra avec reconnaissance tous les dons qu'on voudra bien lui adresser chez ses trésoriers, MM. Adolphe NÈGRE et BRUNETON, banquiers, quai de la Fontaine, à Nimes.

RECETTES.

Reçu du Comité départemental.................................. 1,50(

Reçu de l'Intendance.................................. 4,88&

LIQUIDATION :

Matériel, mobilier. — Vendu............... 1,264 » } 1,468 70 }

—   Donné à divers établissem. 204 70 }

Pharmacie. — Vendu.................... 183 25 } 522 85

—   Donné à divers établissements.. 339 60 }

Eclairage. — Vendu .... 4 »

Chauffage. — Vendu 140 65

Alimentation. — Vendu.................... 226 20 } 405 70

—   Donné à divers établissements. 179 50 }

       } 2,54]

8,92&

Dons en nature. — Valeur d'évaluation................. 1,792 80 } 6,17€

Solde en argent fourni par le Comité.................. 4,383 67 }

15,10]

DE L'AMBULANCE.

DÉPENSES.

Organisation. — Mobilier, matériel, entretien............	3,275 09		
— Appareils d'éclairage et de chauffage.....	650 »	4,209 54	
— Frais divers...................	284 45		
Comptabilité et direction. — Traitements...............	722 »	1,027 »	
— Impressions, frais de bureau..	305 »		
Service médical. — 2 internes médecins, 1 pharmacien, infirmiers.....................	889 55		
— Pharmacie. — Achats..... 716 25	966 26	1,935 81	
— — Dons ...... 250 »			
— Crosses pour blessés...............	80 »		
Personnel. — Cuisine....................	233 50		
— Lingerie	345 80	782 55	
— Concierge, hommes de peine.............	203 25		
Eclairage. — Dépenses...................	137 75	178 05	
— Dons....................	40 30		
Chauffage. — Dépenses...................	118 35	622 85	
— Dons....................	504 50		
Blanchissage..................................		566 55	
Alimentation. — Dépenses. — Boulanger.... 828 »	4,582 32	5,580 32	
— — Boucher...... 1,930 37			
— — Divers....... 1,823 95			
— Dons. — Vin .... 490 »	998 »		
— — Divers........ 508 »			
Frais de liquidation...................		199 20	
		15,101 87	

RECETTES.

Première souscription 34,16

Deuxième souscription à l'occasion de l'ambulance. 11,76

Dons en nature pour l'ambulance (non compris le matériel prêté). 1,79

Souscription spéciale pour les prisonniers. 15,13

Intérêts des fonds déposés à la Société générale. 12

62,97

DÉPENSES.

Envoyé à Paris par la Société générale...........................		29,530 85
Ambulance. — Dons en nature......................	1,792 80	
— Solde en argent.....................	4,383 67	6,176 47
Prisonniers en Allemagne. — Souscription.............	15,136 55	
— En sus par le Comité......	1,500 »	16,636 55
Internés en Suisse. — Par le Comité, en dehors de la collecte........		1,560 25
Militaires blessés, à la caserne..............................		1,653 15
Participation à la vente des pays ravagés.........................		285 30
Envois à Nancy, à Châteaudun (frais d'envoi seulement).............		73 35
Dons à divers établissements, à Nimes..........................		328 65
Blessés de passage................................		159 »
Secours aux blessés, malades, veuves, etc......................		3,185 »
Frais divers. — Listes imprimées, rapports, lettres, circulaires, etc....		313 99
		59,902 56
Reste en caisse.................		3,070 13
		62,972 69

Sur les 3,070 fr. 13, il a été versé au Comité central de Paris ⅕, soit **600 fr.**

Restent 2,470 fr. 13 pour solde définitif, chez MM. Nègre et Bruneton, trésoriers.

9 782013 602686